Este libro está dedicado a mis hijos - Mikey, Kobe y Jojo.

Copyright © 2022 Grow Grit Press LLC. Todos los derechos reservados. Ninguna parte de este libro puede ser reproducida en ninguna forma sin el permiso por escrito de la editorial. Por favor, envíe solicitudes de pedido al por mayor a growgritpress@gmail.com Impreso y encuadernado en los Estados Unidos. NinjaLifeHacks.tv Tapa blanda ISBN: 978-1-63731-452-4 Tapa dura ISBN: 978-1-63731-453-1

El Ninja Paciente

Por Mary Nhin

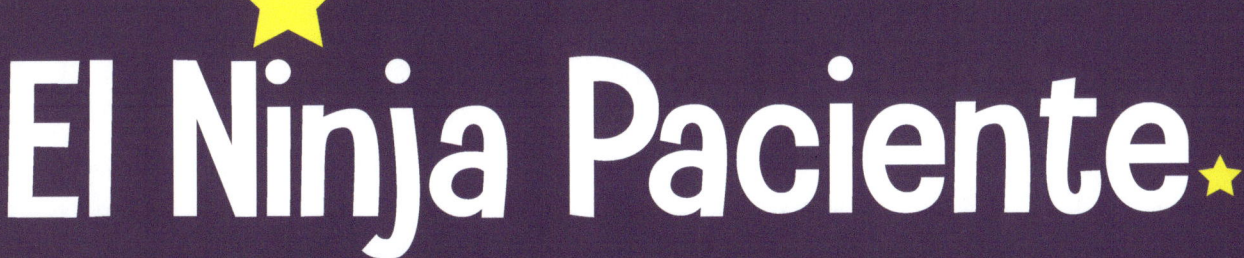

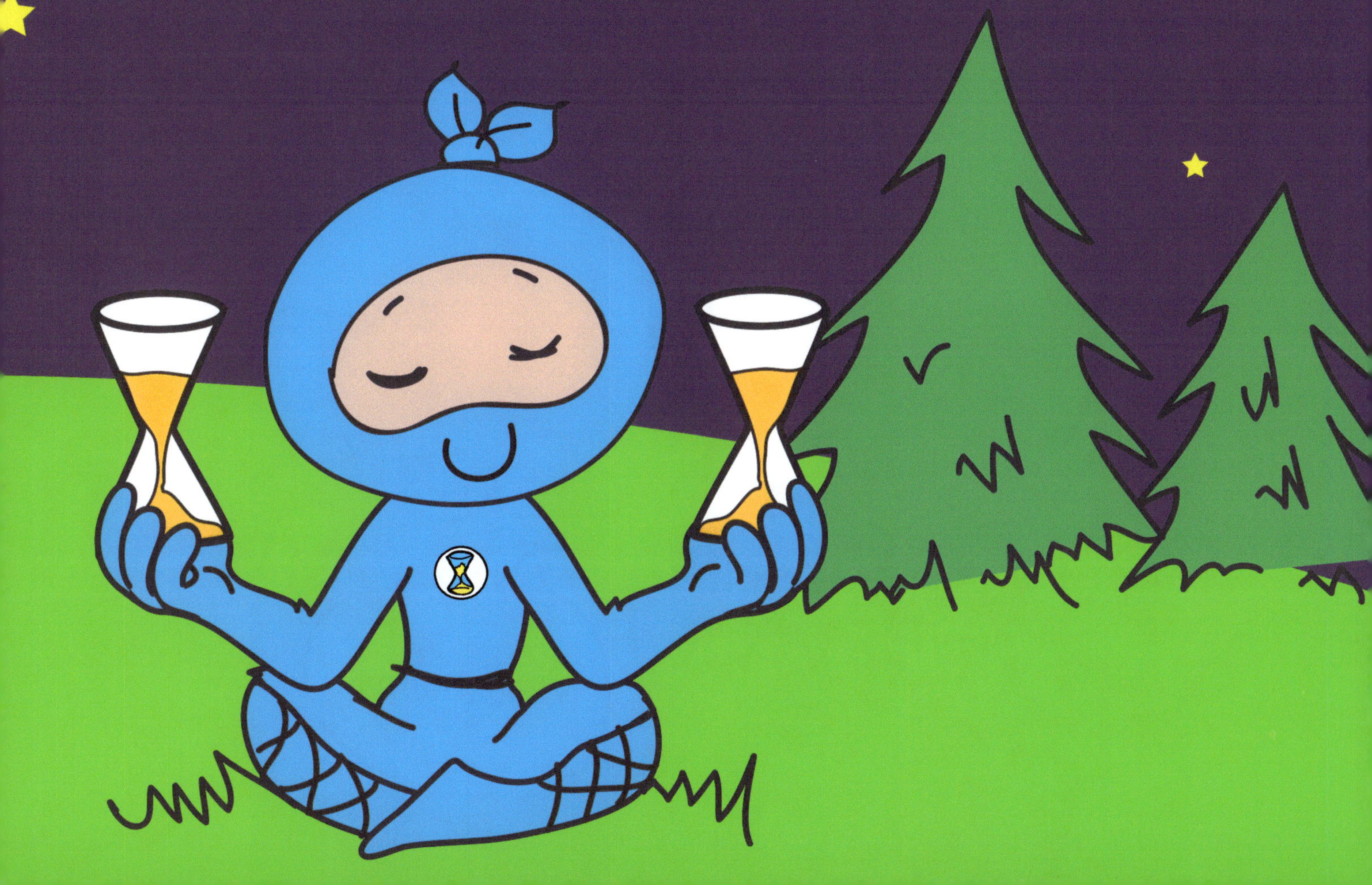

Tengo un gran control sobre mis impulsos. Puedo retrasar mi felicidad para una recompensa más grande más adelante.

Por ejemplo...

Si puedo elegir entre jugar videojuegos o estudiar para mi examen, elijo estudiar para estar preparado.

Cuando quiero comprar un juego nuevo, me recuerdo a mí mismo que tengo un objetivo para conseguir una bicicleta nueva.

Mientras trabajo en un proyecto de artesanía, lo hago con cuidado y lentamente, para que salga bien el producto final.

La paciencia no me vino naturalmente. Fue algo que aprendí y practiqué con el tiempo.

Érase una vez, no podía esperar nada, y muchas veces, me apresuraba.

Cuando tuve un examen de matemáticas, me apresuré a resolver los problemas porque me encantaban las matemáticas.

Esto me hizo cometer errores costosos. Cuando recibí mi trabajo calificado de nuevo, me entristeció que la mayoría de ellos estaban incorrectos.

Durante la clase, la Sra. Brown les pidió a todos que se turnaran para compartir su actividad de fin de semana reciente, pero me emocioné demasiado.

En lugar de esperar mi turno, interrumpí a la Ninja Segura. Esto molestó a la maestra y a mi amigo.

Mientras jugaba un juego de mesa, a pesar de que era el turno del Ninja Tranquilo para tirar los dados, agarré los dados y tiré todo el juego.

Me sentí mal, pero estaba tan emocionado y no podía esperar.

Oops...

¿Te gustaría saber también? Bien, inclínate más cerca.

Piensa en la paciencia como un músculo que puedes fortalecer con la práctica. Para hacer fuerte tu músculo de la paciencia, puedes construirlo practicando la estrategia PDT:

Podemos practicar la paciencia **tomando** algunas respiraciones profundas.

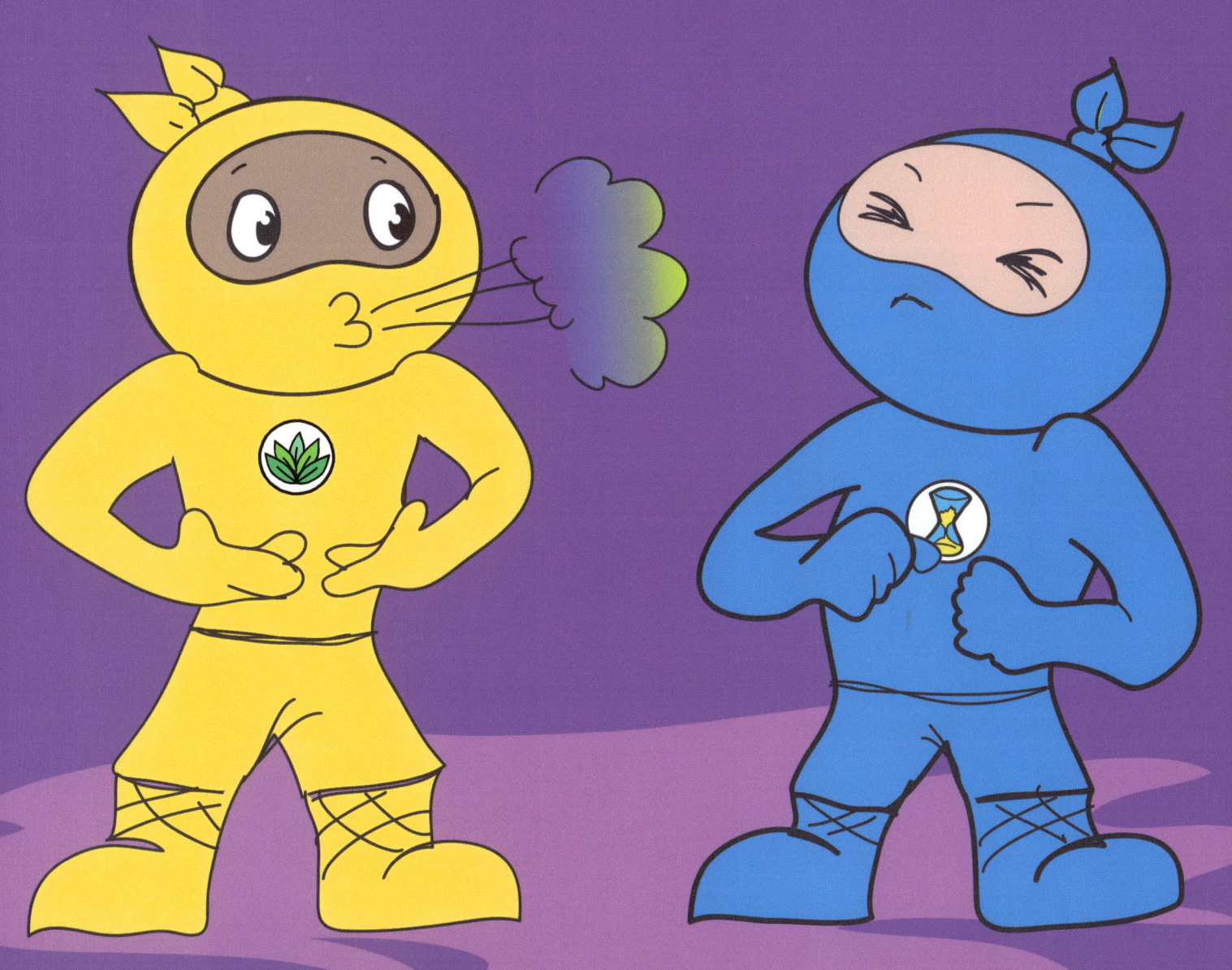

Si podemos esperar, seremos recompensados al final así que nos ayuda para recordarnos a nosotros mismos...

Esa tarde, la Sra. Brown anunció que estábamos haciendo unas figuras ninjas giratorias y tuvimos que trabajar en pares.

Piensa en las consecuencias.

Nos esforzamos mucho para hacerlas mejores figuras ninjas giratorias posibles.

Después de elegir mi forma de figura ninja giratoria, tracé la forma cuidadosamente en mi papel.

Si intento terminar primero, mi trabajo podría terminar descuidado y tal vez mi figura no gire bien.

Quiero hacer la mejor figura posible, así que necesito trabajar con cuidado.

Toma algunas respiraciones profundas.

Tomé algunas respiraciones profundas antes de cortar lentamente mis formas.

Di a ti mismo, las cosas buenas vienen a los que esperan.

Luego, pegué las piezas y esperé pacientemente a que el pegamento se secara.

Después de los toques finales, toda la clase giró las figuras de ninja giratorias. Todas las figuras funcionaban bien, pero todos pensaban que los míos y los del Ninja Calmado eran los mejores.

El recordar la estrategia PDT podría ser tu arma secreta contra la impaciencia.

¡Visita ninjalifehacks.tv para obtener imprimibles divertidos gratis!

📷 @marynhin   @officialninjalifehacks
#NinjaLifeHacks

f Mary Nhin   Ninja Life Hacks

▶ Ninja Life Hacks

♪ @officialninjalifehacks

www.ingramcontent.com/pod-product-compliance
Lightning Source LLC
LaVergne TN
LVHW070256080526
838200LV00091B/359